¿Qué quiere decir «Barcelona»?

«Barcelona» significa «valle» o «bárcena», un lugar llano próximo a un río. El nombre lo debe a su situación en un llano, «el Pla de Barcelona», en las desembocaduras del río Besòs y el río Llobregat.

Los primeros habitantes de esta llanura, los íberos, la llamaron **Ibar-ka-ona;** luego en latín se le llamó **Barcinona,** más tarde **Barcino** y los romanos la llamaron **Colonia Iulia Augusta Paterna Faventia Barcino,** de donde proviene el nombre con el que hoy la conocemos: **Barcelona.**

¿Por qué el escudo tiene esos colores?

El rojo son unos palos de «gules», en rojo heráldico, colocados sobre un fondo amarillo que representa un campo de oro. La cruz de gules es la cruz de Sant Jordi, el patrón de Barcelona, y se colocó en agradecimiento por su protección a la ciudad cuando era atacada por los ejércitos enemigos.

El primer escudo de la ciudad fue usado por los condes que gobernaron Barcelona en el siglo XI.

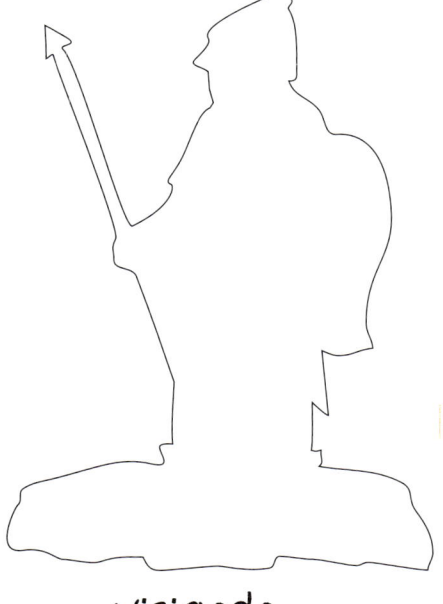

visigodo

romano

Cuentan que...

Volviendo victorioso pero gravemente herido, el fundador de la Casa Condal de Barcelona, Guifré el Pilós (en castellano, Wifredo el Velloso), pidió al rey Carlos el Calvo una insignia para su escudo totalmente dorado. El rey, para recompensar su valor, colocó sus dedos sobre la sangre de la herida y luego los deslizó sobre el escudo dejando dibujados los cuatro palos rojos. Entonces le dijo: «de hoy en adelante éste será tu escudo de armas, fiel caballero y amigo...».

La Ciudad Condal

¿Verdad o leyenda?

Se dice que el primero en fundar una colonia sobre el monte Mont Jovis (Monte de Júpiter) fue Hércules, antes de partir para la guerra de Troya. Aquí se entrevistó con unos emisarios griegos que venían a pedirle que combatiera de su parte. Las naves de los griegos fueron arrasadas por una tormenta frente a la misteriosa montaña llamada Mont Jovis (hoy Montjuïc) y sólo sobrevivieron los que venían en la novena barca o «barca nona», por ello hay quien cree que el nombre de la ciudad de Barcelona fue tomado en honor a los supervivientes de la «barca nona».

¿Por qué llaman a Barcelona la Ciudad Condal?

Porque los primeros gobernantes de lo que hoy es Cataluña no fueron reyes sino condes. El conde Guifré el Pilós (de quien te hemos contado la historia del escudo) fundó la Casa Condal de Barcelona hacia finales del siglo X y sus descendientes gobernaron durante siglos estas tierras. Barcelona se convirtió entonces en la capital de los cinco condados independientes de Cataluña.

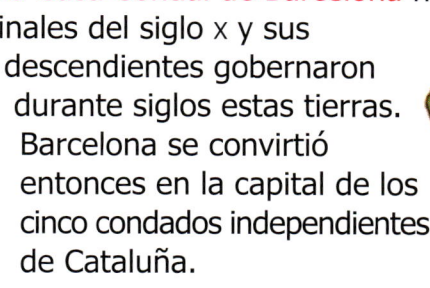

¿Por qué dicen que Barcelona es muchas ciudades en una?

ROMANA

Porque en el espacio de la ciudad puedes encontrar tesoros de la ciudad romana, Barcino, de la Barcelona gótica y misteriosa del medievo, la modernista y mágica de Gaudí, la ciudad del mar y la montaña, la Barcelona futurista del siglo XXI...
¡Vamos a descubrirlas!

GÓTICA

Modernista

FUTURISTA

¿Cómo verlas todas?

Dándote un buen paseo con las pistas que te vamos a dar... Pero si quieres comenzar con una panorámica general, ¡siéntate y déjate llevar! El Bus Turístic tiene 3 rutas con 44 paradas por los lugares más bonitos de Barcelona. Puedes bajarte, visitar los lugares que te interesen y esperar al siguiente autobús que te llevará a otro sitio y a otro y a otro...
¡Todo con el mismo billete!

¿Una torre humana?

Los *castells* o castillos humanos son torres formadas por chicos y chicas que pertenecen a grupos llamados *colles castelleres*. Para formar el castillo se suben unos a hombros de otros, completando los pisos en altura, que pueden llegar a tener hasta diez niveles, sostenidos por más de quinientas personas.
El desafío consiste en montarlo y desmontarlo sin que se venga abajo. Una vez armado, un niño deberá escalarlo y al llegar arriba levantar la mano para indicar que se ha completado.
Y debe volver a bajar ¡¡ileso!

3

La Ciutat Vella

4

Plaça Nova: Aquí estaba una de las puertas de entrada a Barcino, la ciudad romana.

¿Qué es la Ciutat Vella?

Es el casco antiguo de Barcelona. Aquí encontrarás reunidos tesoros de todas las épocas de la ciudad, que han sido testigos de conquistas, revoluciones, asaltos y tiempos de paz, desde su fundación hace dos mil años hasta el día de hoy.

¿Cuánto se tarda en construir una catedral como ésta?

¡Sólo seiscientos años! Las obras de la actual catedral gótica comenzaron en 1298 y fue terminada en 1913. Tiene veintiocho capillas en las que se reparten tesoros muy antiguos, un museo, un Cristo muy particular, unas torres gemelas y un claustro que mantiene una tradición muy curiosa que va de oca en oca.

¿Quién fue el caballero que venció al dragón?

Cuentan que fue **Sant Jordi,** quien se enfrentó al feroz dragón para salvar a una princesa y a su pueblo del azote de la bestia. Cabalgando en su caballo aparecía en las batallas para ayudar a los soldados catalanes; por ello es el patrón de Barcelona y su festividad se celebra el 23 de abril.

La Casa de la Ciutat: Es la sede del Ayuntamiento de Barcelona. En él se encuentra el Saló de Cent. En el patio puedes ver unos relieves que ilustran la leyenda sobre Hércules y la fundación de Barcelona.

Barcelona gótica

Pero... ¿qué quiere decir «gótico»?

Es el estilo en el que están construidos los edificios más originales y asombrosos de la Ciutat Vella de Barcelona y otras muchas ciudades de Europa. El arte gótico llegó desde Francia allá por el siglo XIII. La tecnología de la época había avanzado mucho y permitía construir edificios cada vez más altos, que parecían competir entre sí por llegar al cielo.

¿Cómo se mueve un palacio de un lugar a otro?

Clasificando y numerando cada piedra, para luego volverlas a colocar como un puzle en su nueva ubicación. La Casa Padellàs, que fue construida entre 1497 y 1515, fue trasladada desde la calle Mercaders, donde corría el riesgo de derrumbarse, hasta la Plaça del Rei, donde encontraron un espacio igual al que ocupaba, cuando decidieron abrir la Via Laietana en 1931.

¿Qué pintan 13 ocas en una catedral?

Además de armar un gran jaleo, recuerdan el número de años que vivió Santa Eulàlia, la segunda patrona de Barcelona. Las puedes ver en el claustro de la catedral.

¿Qué es esto?
¡Es un huevo que baila! Se trata de una tradición medieval del Día del Corpus y sobre ella hay muchas leyendas. «L'ou com balla» se ha considerado desde una tradición traída de Italia a un símbolo de Jesús o a una simple distracción de los nobles de la zona. Pero también se considera un símbolo de la primavera, el paso del tiempo y el ciclo de la vida. Puedes verlo en la fuente de la **Casa de l'Ardiaca.**

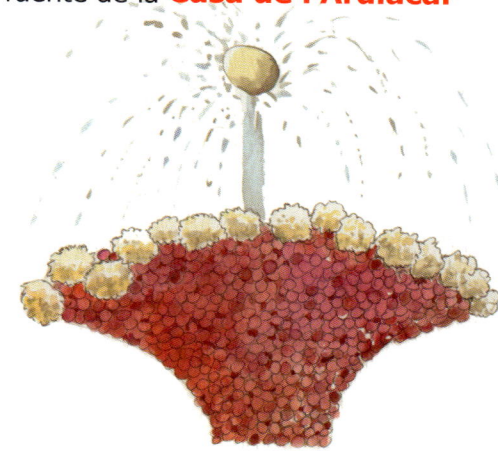

¿Quieres ver un tesoro gótico?

Pues sígueme y visitaremos los monumentos góticos de Barcelona.
Su conjunto es uno de los más espectaculares de Europa.

La Plaça del Rei: Es un conjunto de edificios medievales muy valioso. Puedes ver el Palau Comtal, que más tarde se llamó **Palau Reial Major,** donde vivieron los condes de Barcelona desde el siglo X hasta el siglo XV y los reyes de Cataluña y Aragón.

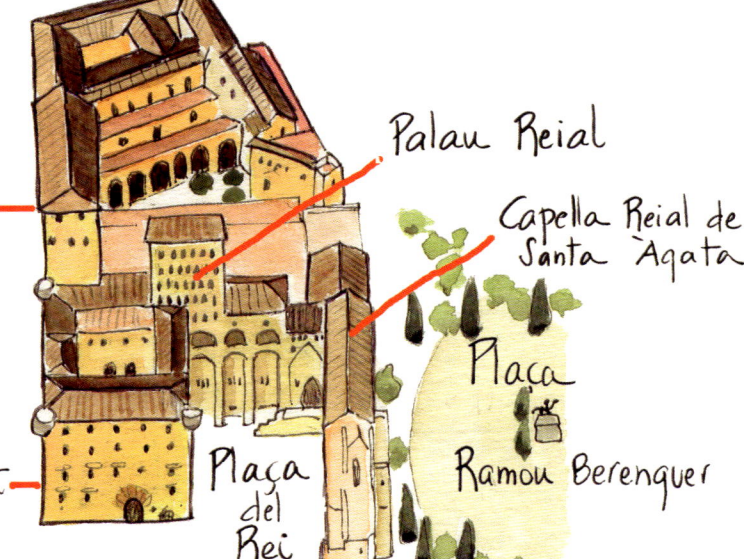

También verás un salón impresionante, el Saló del Tinell, que era el salón del trono, donde los Reyes Católicos recibieron a Colón para que les hablara de sus viajes por el Nuevo Mundo. La Capella Reial de Santa Àgata y el mirador del Rei Martí, el último de los reyes catalanes.

¿Cuál es la iglesia gótica más bonita de Barcelona?

¿Sabes qué famoso pintor español nació en este barrio?

Joan Miró, en 1893. Cuando lleguemos a La Rambla jugaremos en un divertido mosaico suyo que hay en el suelo; más adelante visitaremos su casa-museo, la Fundació Joan Miró, cuando lleguemos a la montaña de Montjuïc.

La Basílica de Santa María del Mar: A pesar de haber sufrido varios incendios terribles ¡y hasta un terremoto! fue reconstruida y hoy es un ejemplo del mejor arte gótico catalán. Sólo tardaron cincuenta y cuatro años en terminarla... ¡Todo un récord si lo comparamos con los seiscientos de la catedral!

La Rambla

¿Qué es una rambla?

Es una avenida muy ancha con un andén central para los peatones. También se llama así al cauce por donde corren las aguas de un torrente. Y es que por aquí pasaban hace siglos los canales que llevaban el agua a la ciudad.

¡Si te das un paseo por La Rambla te lo pasarás en grande! A lo largo de más de un kilómetro encontrarás artistas, mimos, pintores, parques, monumentos, negocios, mascotas, libros, flores…Todo el paseo es como un álbum de fotos de la vida de Barcelona. ¡Aquí es imposible aburrirse!

Desde la Plaça de Catalunya hasta el mar están Las Ramblas.

Sigamos a Rita, que la conoce como si fuera su casa; pronto descubrirás por qué…

¡Posar para un artista!

En tu paseo puedes…

¡Bailar una sardana!

Leer, jugar, ver estatuas vivientes y ¡hasta echarte una siesta!…

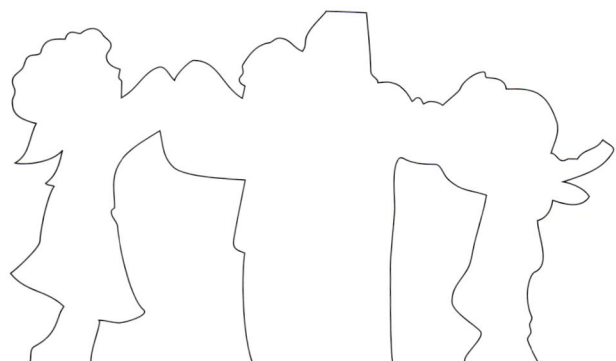

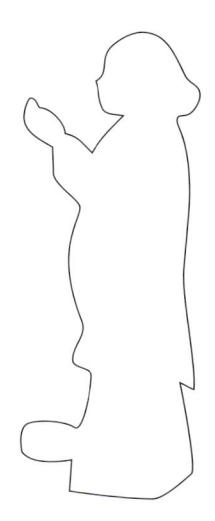

¿La Rambla o Las Ramblas?

El Passeig de La Rambla está dividido en cinco tramos, cada uno de ellos con sus personajes y actividades diferentes: **La Rambla de Canaletes, La Rambla dels Estudis o Rambla dels Ocells, La Rambla de Sant Josep o Rambla de les Flors, La Rambla dels Caputxins y La Rambla de Santa Mònica.**
¡Aquí hay para todos los gustos!

La Plaça de Catalunya: Es un importante centro comercial y de servicios. Es el escenario de las fiestas más importantes de la ciudad, como la Diada, las fiestas de la Mercè, las hogueras de Sant Joan, la Setmana del Llibre en català, conciertos, exposiciones...

¿Un libro y una rosa?

El día 23 de abril se celebra Sant Jordi, patrón de Cataluña. Es el gran día del libro, la rosa y el amor... Por eso la tradición es regalar un libro y una rosa en este día.
Date un paseo por Las Ramblas. **¡Aprovecha y pide tu libro favorito!** ¡Ah! y no te olvides de la rosa...

El **Gran Teatre de Liceu:** Llegó a ser en 1847 el teatro más grande de Europa. Hasta cuatro mil personas podían disfrutar de un concierto en su enorme sala en forma de herradura.

¿Sabías que...?
El fuego ha sido su gran enemigo, pues dos incendios lo han arrasado: uno en 1861 y el último, en 1994, que lo destruyó casi por completo. Se tardó casi cinco años en reconstruirlo.

En la Plaça Reial los domingos son una verdadera fiesta: montan un mercadillo y hay terrazas donde tomarse un helado, corretear... ¡Ah! y para los mayores como mi hermano hay un montón de lugares donde divertirse con los amigos.

Más Rambla

¿Cuánto mide el dedo de Colón?

¡Medio metro! La estatua mide casi ocho metros de altura y está sobre una columna de 52 metros. Tiene un ascensor dentro que te lleva al mirador que está en todo lo alto para ver las mejores vistas del puerto y la Ciutat Vella.

¿Qué número de zapato crees que usaría?

¡Pues echa cuentas! Cada uno de sus pies mide más de un metro...

El **Monument a Colom** está al final de Las Ramblas, muy cerca del mar, por donde llegó hasta aquí.

¿De quién es este mosaico tan diver...?

De Joan Miró. Lo hizo con la intención de que la gente se paseara sobre él y lo disfrutara. Lo encontrarás en la Plaça de la Boqueria.

¡Aquí todo está buenísimo!

El **Mercat de la Boqueria** es como una gran plaza cubierta en la que funciona el más colorista y animado mercado. Aquí puedes llenar tu cesta con todas las cosas deliciosas que te puedas imaginar ¡y poner en marcha los cinco sentidos!

¿Sabías que...?
Muchos de los tenderos que venden sus productos en el mercado son nietos o biznietos de los primeros vendedores que lo fundaron y que han pasado su oficio de generación en generación.

Barcelona y el mar

¿Dónde se fabrican los barcos?

En las atarazanas o astilleros. Vamos a descubrir las Reials Drassanes y el Museu Marítim ¡como verdaderos navegantes!

Una de las naves más famosas que se construyeron aquí fue la galera con la que Don Juan de Austria se echó a la mar para combatir en la batalla de Lepanto contra los turcos. Hoy puedes subir a bordo si visitas el Museu Marítim de Barcelona, un lugar lleno de sorpresas.

¿Sabías que...?
En las Reials Drassanes se construían y reparaban las galeras al servicio de la corona. Llegó a ser uno de los mayores astilleros de Europa allá por el año 1238.

Si no tenía motor... ¿cómo se movía?

Con el uso de remos movidos por remeros. La Galera Real que ves aquí mide 60 metros de eslora o largo y se impulsaba para navegar mediante 59 remos propulsados con la fuerza de más de doscientos remeros y la ayuda del viento en sus velas.

¿Qué es un buque insignia?

Es el embajador de un puerto marítimo por los mares de todo el mundo. El Pailebote de Santa Eulàlia es un barco histórico que navega desde 1919. Hoy es el embajador de Barcelona por las aguas de los cinco continentes.
Acércate al Moll de la Fusta, en el Port Vell. Si tienes la suerte de que esté en el puerto, podrás subir en él.

¿Para qué servían los mascarones de proa?

Para alejar los peligros y malos espíritus del mar y así sentirse protegidos en sus aventuras navales. Eran figuras talladas en madera, mitad humanas, mitad animales, que simbolizaban dioses y mortales.

¿Sabías que...? Los mascarones de proa se usaron en los siglos XVIII y XIX en los galeones. Se colocaban en la proa y servían para identificarse ante los demás barcos y mostrar su poderío y jerarquía.

¿Se puede imitar a los peces y navegar como ellos?

Sí. Y así lo demuestra este sumergible, que fue el primer buque submarino de la historia, diseñado por un inventor de Figueras llamado Narcís Monturiol, que se inspiró en la forma de navegar de los peces para crear sus sumergibles Ictíneo I, en 1859 e Ictíneo II, en 1864.

¿Sabías que...?
El Ictíneo I se movía propulsado por la fuerza de 16 hombres y su sucesor, el Ictíneo II, fue perfeccionado para ser propulsado por vapor. ¡Llegó a sumergirse hasta 50 metros de profundidad!

Puedes ver una réplica de esta nave-pez sumergible en los jardines del Museu Marítim.

¿Cómo se construye un barco?

Lo primero que hay que hacer es un prototipo, un modelo de cómo será el barco real, pero más pequeño. En el taller de modelismo del museo podrás ver, además de la réplica de la Galera Real, las de las tres naves de Colón.

En el **Museu Marítim** podrás descubrir cómo vivían los antiguos navegantes, subir a bordo de una galera, ver un barco con 80 cañones, navíos, fragatas, corbetas y bergantines de siglos pasados y también una colección de instrumentos de navegación de todas las épocas, cartas marinas medievales, atlas...

Barcelona azul

¿Dónde viven los pescadores?

En barrios como **la Barceloneta,** que está muy cerca del mar y del puerto, donde los pescadores tienen varado su barco y salen cada día a faenar. Por la tarde, a partir de las cinco, los barcos pesqueros atracan en el Moll dels Pescadors y muchos de los pescadores se van con lo que han logrado capturar a la subasta del pescado que se hace en la Llotja.

¿Sabías que...?
La **Torre del Rellotge** que ves hoy fue originalmente el faro más antiguo de la ciudad. Orientó a marinos y pescadores durante más de cien años desde 1772. Cuando el faro dejó de funcionar se colocó en la torre este reloj.

La Barceloneta es el barrio más antiguo de pescadores de Barcelona. Desde 1754 conserva sus tradiciones, el misterio y el encanto de sus callejuelas y comercios, donde puedes escuchar historias de viajes, de la vida en el mar, además de probar en sus bares y restaurantes el mejor pescado de la ciudad.

¿Es verdad que los puentes giran?

Descúbrelo en el **Moll de la Fusta.**
El puente se abre para dejar pasar los barcos y cuando se cierra puedes cruzarlo por un paso peatonal para darte un paseo sobre el agua.
Se abre a las horas en punto o si lo pide una embarcación para pasar.
Al otro lado te esperan el Centre Maremàgnum, el Aquàrium, el Imax y los multicines.
¡Tienes para escoger!

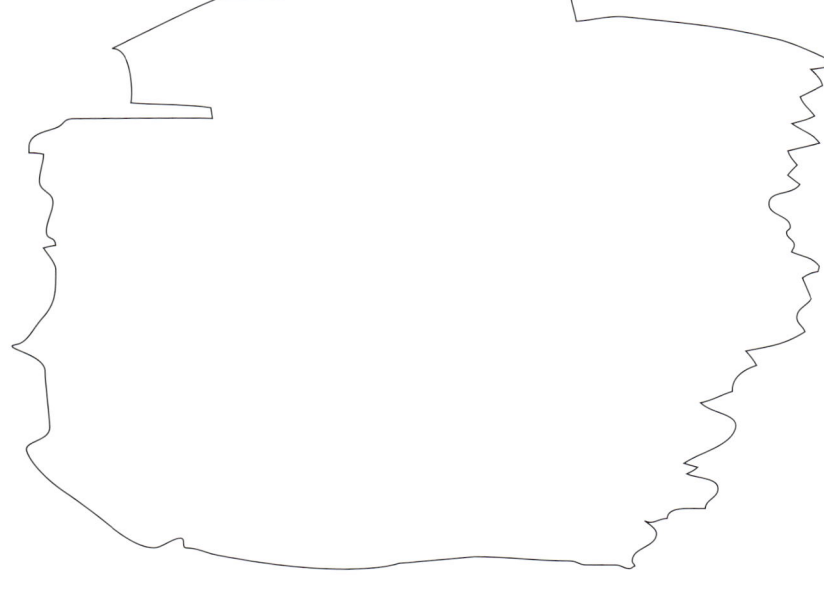

¿Qué ocurrió en 1992?

Fue el año de los Juegos Olímpicos que se celebraron en Barcelona. La ciudad se vistió de fiesta para la ocasión. Para recibir a los atletas de todos los países se construyó el Port Olímpic y la Vila Olímpica, donde se alojaron los diez mil deportistas de ciento sesenta países de todo el mundo.

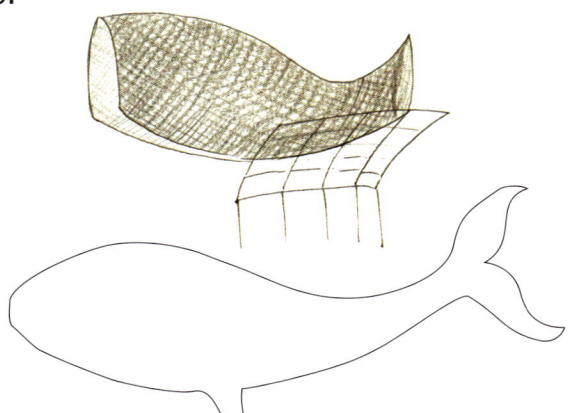

¿Cuánto mide una ballena?

Esta ballena particular que ves por los aires mide cincuenta y cuatro metros de ancho por treinta y dos de largo. Fue construida para la entrada del Port Olímpic por un arquitecto llamado Frank Gehry. ¡Mira cómo parece flotar con sus enormes aletas! **La ballena azul es la más grande de todas, con sus 27 metros de longitud.**

¿Sabías que...? El arquitecto se inspiró en una ballena real conocida como «ballena jorobada», que llega a pesar hasta cien mil kilos y es famosa por sus espectaculares saltos sobre el agua.

¿Una playa en pleno centro...?

Desde la Barceloneta hasta el **Port Olímpic** hay un enorme paseo marítimo y más de cinco kilómetros de playas para darte un chapuzón y disfrutar a la sombra de las palmeras. También para practicar deportes, aprender a manejar una tabla de windsurf o una piragua...

¿Las golondrinas... navegan?

Éstas sí. Es como se conoce a las embarcaciones de recreo que te llevan desde el puerto hasta el rompeolas, para disfrutar de las vistas de la playa y el puerto olímpico. Hay unas golondrinas-catamarán que te llevan mar adentro y tienen el fondo de cristal para ver la sala de máquinas y las profundidades del mar.

Barcelona verde
Montjuïc

¡El mejor mirador de Barcelona!

Montjuïc ha sido el escenario de los eventos más importantes que ha vivido la ciudad, como la Expo de 1929 o los Juegos Olímpicos de 1992. En Montjuïc te lo vas a pasar en grande. ¡Síguenos y verás!

¿Te subirías a un transbordador aéreo?

¡Atrévete! Podrás ver la ciudad desde el aire, icomo si fueras un halcón! Sobrevolar el mar y llegar hasta la cima de Montjuïc, que está a una altitud de 173 metros.
El teleférico tiene parada en la Torre del Rellotge y te lleva desde el puerto hasta Montjuïc.

¡Como si tuvieras unas botas de siete leguas!

¡Recorrerás España en pocas horas! En el **Poble Espanyol** puedes hacer un viaje fantástico por todas las regiones de España. Como si fueras un gigante con unas botas mágicas **podrás ir de Andalucía a Cataluña y seguir hasta Aragón, Castilla La Mancha, pasar por El País Vasco, Galicia, Extremadura y, lo mejor de todo... sin coches,** para jugar, corretear disfrutar de pasacalles, marionetas, cuentacuentos o crear tu propia obra en un taller de artesanía.

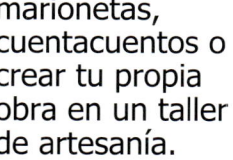

¿Qué inclinación tiene la Tierra?

La misma que esta torre galáctica, 48 grados. La Torre de Montjuïc es la torre de telecomunicaciones de Cataluña; mide 142 metros de altura y también se la conoce como Torre de Calatrava, por el arquitecto que la diseñó.

El Parlament de Catalunya es una institución del gobierno catalán y el edificio está situado en el Parc de la Ciutadella. Lo puedes visitar los fines de semana y festivos.

¿Eres buen detective?
Acepta el desafío de la yincana que hacen los domingos en el Poble Espanyol para toda la familia. Podréis descubrir a través de un juego de pistas y enigmas sus secretos mejor guardados.

¿Una fuente mágica?

Al final de las escalinatas del **Palau Nacional** encontrarás una fuente, protagonista de un espectáculo de agua, luz y sonido que aparece como por arte de magia cuando cae la noche, de jueves a domingo. Los chorros de agua brotan y se elevan como acróbatas al ritmo de la música y de un espectacular juego de luces y colores, ¡que no te puedes perder!

¿En qué se ha convertido...?

La **Plaza de toros de Les Arenes** es un centro de ocio ¡superdiver!

17

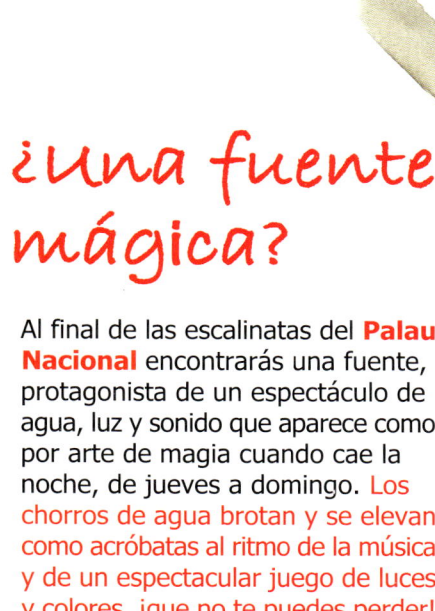

¡El guardián de los tesoros!

El Palau Nacional: Fue el pabellón central de la Expo de 1929. Hoy es la sede del Museu Nacional d'Art de Catalunya, que guarda verdaderos tesoros de todas las épocas y el arte en Cataluña y otras regiones de España.

¿Sabías que...?
Los colores favoritos de Miró eran los colores primarios: amarillo, azul, rojo y también el negro. ¡Ven a la **Fundació Joan Miró** y descubre su mundo mágico y lleno de color! Disfrutarás con espectáculos de magia, teatro y circo especialmente creados para ti, viendo sus cuadros ¡llenos de color!

¿Es un platillo volador?

Por su cúpula futurista **lo parece, pero no lo es.** Es el **Palau Sant Jordi**, construido para las pruebas de gimnasia de los Juegos Olímpicos; hoy se celebran conciertos y grandes eventos a los que pueden asistir hasta doce mil personas sentadas en las gradas.

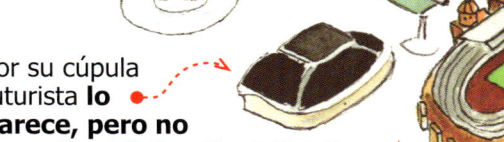
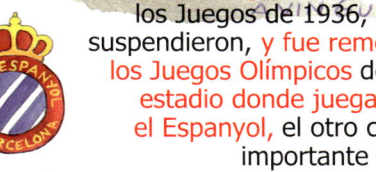

L' Estadi Olímpic: Fue construido para los Juegos de 1936, que luego se suspendieron, y fue remodelado para los Juegos Olímpicos de 1992. Es el estadio donde juega sus partidos el Espanyol, el otro club de fútbol importante de la ciudad.

• No dejes de visitar...
La Anella Olímpica, donde están las principales instalaciones deportivas que se construyeron para los Juegos Olímpicos de 1992.

El primer castillo se construyó en 1640 para vigilar el puerto de la ciudad; más tarde fue destruido y sobre sus ruinas se levantó el que vemos hoy.

¡Un castillo en forma de estrella!

El Castell de Montjuïc está situado en un lugar estratégico en la cima de la montaña. Si lo ves desde lo alto, tiene forma de estrella y, si quieres sacar las mejores fotos de la ciudad, te podrás lucir como fotógrafo. **¡A ver si eres capaz de ver desde aquí las torres de la Sagrada Familia!**

Barcelona verde
¿Adivinarías la edad de un árbol?

¡Ponte tu chaleco de naturalista y te enseñamos cómo calcularla! También descubrirás lo que necesita una planta para vivir o lo que hacen los pájaros en un jardín. Y, ya que estamos, te convertirás en un verdadero naturalista del siglo XVII para descubrir los misterios de las zonas de clima mediterráneo en todo el mundo: África, Chile, Australia, Canarias... Sólo tienes que venir al **Jardí Botànic de Barcelona** **¡preparado para la aventura!**

¡Un parque con mucha marcha!

Un castillo de cuento con tres dragones, un parque zoológico, un lago para pasear en barca, un parque infantil de tráfico, ludoteca, cascadas, lagos, museos con fósiles y animales embalsamados, un árbol sagrado, una palmera azul y hasta un mamut gigante **¡que se quedó de piedra!** Es sólo una parte de lo que encontrarás en el **Parc de la Ciutadella**. **¿A qué esperas para descubrirlo?**

Laberinto de Horta

¿Viajar a través de los perfumes?

¡Es posible! El perfume de las rosas de Asia, América, Europa y Oriente Próximo te llevarán a una fantástica aventura de colores y aromas en el **Parc Cervantes (La Rosaleda).** Nada más y nada menos que ciento cincuenta mil rosas abiertas y... entre todas una de las más singulares: **la rosa Barcelona.**

¿Encontrarías la salida?

¡Inténtalo en el laberinto del **Parc Jardí d´Horta,** el más antiguo de la ciudad! Te puedes llevar más de una sorpresa mientras lo recorres: un antiguo palacio, una auténtica torre de defensa medieval y hasta una isla del amor...

¡Una montaña parque!

Para ir de excursión, pasear en bici, practicar deportes y, con un poco de suerte, ver algunas de las trescientas especies de animales vertebrados que viven en el **Parc de Collserola**: tejones, ardillas, ginetas, gavilanes, tortugas, galápagos, jabalís, salamandras, lagartos, culebras... con diez millones de árboles y mil especies de plantas a tu alrededor. **Es el parque urbano más grande del mundo.**

Barcelona modernista, ¡fantasía a tope!

Pero... ¿qué es el Modernismo?

Fue un movimiento artístico que revolucionó la arquitectura y el arte en toda Europa en 1880. En Barcelona los arquitectos Lluís Domènech i Montaner, Antoni Gaudí y Josep Puig i Cadafalch se inspiraron en la naturaleza para realizar sus proyectos llenos de color, fantasía e imaginación...

¿Preparados? ¡Vamos a descubrirlo!

¡La iglesia más original del mundo!

La Sagrada Familia es uno de los símbolos de Barcelona y una iglesia única en el mundo. Los trabajos para construirla comenzaron en 1880 y aún continúan. En ella puedes apreciar la creatividad, la fantasía de su arquitecto, el genial **Antoni Gaudí**.

Cuando la torre central esté terminada medirá casi el doble que las torres que ves ahora, que miden unos cien metros.

¿Estás en forma?

¡Pues sube a las torres, que parecen querer tocar el cielo con la punta! Después de subir 400 peldaños de escalera, las vistas de la ciudad serán el mejor premio.

En el interior las columnas son como un gran bosque de árboles que sostienen el techo.

Aunque no lo creas... Este lugar entonces estaba a las afueras de la ciudad, que poco a poco fue creciendo con el Eixample, donde encontrarás todas las maravillas del movimiento que se llamó Modernismo.

¿Eres capaz de descifrar un criptograma?

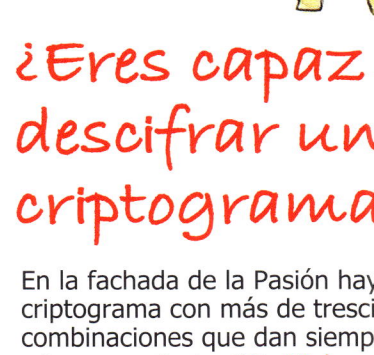

En la fachada de la Pasión hay un criptograma con más de trescientas combinaciones que dan siempre el mismo resultado: **33.** ¿Sabes qué representa ese número resultante?

¿Sabías que...? Gaudí no figuraba en el proyecto original, pero poco después de iniciadas las obras el arquitecto renunció y Gaudí, que era su ayudante, fue llamado; presentó su gran proyecto, en el que trabajó más de cuarenta años, hasta que murió atropellado por un tranvía. Está enterrado en la cripta de la iglesia.

Más Barcelona modernista

Un monstruo marino, un dragón, máscaras aterradoras...

¿Qué ves?

Con un poco de imaginación encontrarás todo esto y más en la **Casa Batlló.** Si miras atentamente su tejado descubrirás a Sant Jordi y el mítico dragón... ¡una visión fantasmagórica! También se la conoce como la Casa dels Ossos. Fue diseñada por Gaudí en 1906.

¡El paseo de la fantasía!

Desde la Plaça de Catalunya hasta la avenida Diagonal está el **Passeig de Gràcia**, donde podrás ver algunos de estos edificios. Tómate un descanso en uno de los curiosos bancos-farola del Paseo, antes de seguir la marcha hasta llegar al colorista y animado **Barri de Gràcia**.

¿Sabías que...? Se conoce como la «manzana de la discordia» al conjunto de casas que encontrarás en el **Passeig de Gràcia: Casa Batlló, Casa Amatller y Casa Lleó Morera.** En cada una de ellas trabajó un arquitecto diferente, a los que hoy se considera como los maestros del Modernismo. La gente lo interpretó como una especie de desafío entre ellos.
¿Quién crees tú que ganó?

¿Custodiada por un ejército galáctico?

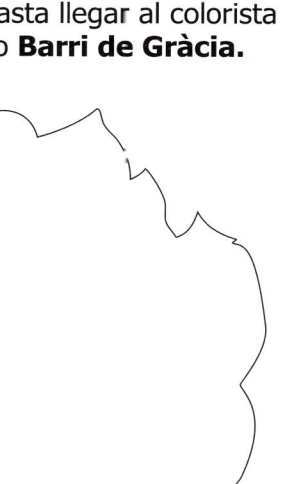

¿Nos vamos de ruta?
El km 0 de la ruta europea del Modernismo está delante de la puerta de la Casa Amatller. Allí puedes comprar los billetes para visitar y conocer más de cien monumentos y lugares interesantes. Te darán, además de una guía, un talonario de descuentos que podrás usar durante todo un año.

Casa Milà (La Pedrera): Esta casa parece venida de otro planeta, con sus raras formas y balcones, que parecen algas flotantes. En el techo, sus chimeneas con sombreros gigantescos parecen un ejército galáctico que la custodia. Atrévete a subir y enfrentarte a ellas. Hasta las brujas se espantan con su visión, por eso se las conoce como «espantabruixes».

¡Un parque de fábula!

... Un dragón que te invita a subir por una escalera, un bosque de árboles petrificados como por algún maléfico encantamiento, un mirador con unos bancos que son como un gran reptil mitológico y una fiesta de colores y formas...
Todo esto y más lo encontrarás en el **Parc Güell,** que fue pensado como una ciudad-jardín y en el que Gaudí trabajó catorce años por encargo de Eusebi Güell.

¿Dragón mitológico o salamandra?

En el centro del parque un reptil sin alas, decorado con azulejos de colorines, te invita a subir por las escaleras que custodia. Todos dicen que es un dragón mitológico, pero hay quienes dicen que es... ¡una salamandra!

¿El arte de los platos rotos?

Los arquitectos y artesanos modernistas inventaron esta técnica de decoración tan original con las cerámicas que se descartaban de la fábrica, trozos de platos y tazas que combinaban con toda la fantasía, con los resultados únicos y alegres que llenan los edificios, esculturas y columnas de sus obras. La llamaron «trencadís».
¡Eso sí que es reciclar!

¿Sabías que...?
Gaudí tenía aquí su casa, en la que podrás descubrir otras obras suyas, como unas sillas que parecen las enormes orejas de un elefante, y visitar su estudio.

¿Una caja de música?

El Palau de la Música Catalana es una espectacular sala de conciertos que se inauguró en 1908. Es la única en Europa que se ilumina con la luz natural que entra a través de una gran cúpula, que junto con las paredes forma una enorme caja de cristal coloreado en la que hasta dos mil personas pueden disfrutar de los conciertos. ¡Por todo esto fue declarada Patrimonio de la Humanidad en 1997!

¡Museoaventuras!

¿los tiburones duermen?

No, porque si lo hicieran ¡se ahogarían! Aunque no lo creas, los tiburones no pueden «echar una cabezadita» porque, a diferencia de otros peces, no tienen un órgano que les permita estar inmóviles y seguir respirando. **¿Será por eso por lo que tienen tan mal humor?**

¿Y qué comen?

Pescado fresco. **¿Cuánto crees que se necesita para alimentar a los ocho mil peces que viven en el Aquàrium? ¡Dos mil kilos de pescado por semana!**

...Y si quieres comprobarlo ven a **L'Aquàrium**, tráete tu saco de dormir y ¡pasa una noche con ellos! Bajo un túnel transparente de ochenta metros y rodeado de las especies más peligrosas de las profundidades. Y si eres de los más curiosos, trata de encontrar entre sus ocho mil habitantes al pez piloto, el pez cirujano, el pez mariposa, el pez arlequín...

¿Te gustaría pasar tu cumpleaños entre fieras?

¡En el **Zoo de Barcelona** es posible! Ven con tu familia y amigos y tendrás una fiesta inolvidable, rodeado de más de siete mil animales de cuatrocientas especies diferentes. Conocerás al mono más pequeño del mundo o la pantera de las nieves, y verás las aterradoras boas y pitones...

¿Sabes quién era...? Copito de Nieve, el primer gorila albino de la historia, que fue rescatado de los cazadores furtivos cuando era un bebé, en la selva de Guinea Ecuatorial y traído al Zoo de Barcelona, donde vivió casi 40 años.

¡Chucu chucu piiiii!

Descúbrelo todo acerca de los trenes y las antiguas locomotoras en el **Museu del Ferrocarril**. Además puedes disfrutar de cuentacuentos, talleres, juegos...

¿Por qué vuelan las aves?

No sólo por la propulsión de sus alas; parte del secreto está en sus huesos, que son huecos y muy ligeros, sus poderosos músculos pectorales y un potente motor: el corazón. Si quieres descubrir otros misterios de la naturaleza, ven al **Museu de Ciències Naturals.** ¡Te lo pasarás en grande!

¡Qué diver...!

Te lo pasarás en el **Parc d'Atraccions del Tibidabo,** situado en lo más alto de la ciudad. Montañas rusas, simuladores de vuelo, alfombras voladoras, un cine 4D, espectáculos y un hotel terrorífico son parte de las atracciones que podrás disfrutar.

¿Quién inventó el chocolate?

Unas religiosas de Oaxaca, en México. Mezclaron la semilla de la planta del cacao con caña de azúcar. El chocolate llegó por primera vez a España desde México en 1527. Los indios aztecas lo llamaban *xoxotlatl* y lo usaban para cocinar. ¡En el **Museu de la Xocolata** podrás hacer tus propias figuras de chocolate en una visita deliciosa!

Busca, busca... en la fachada de un museo este terrorífico dragón.

¿Sabes cómo vivían tus antepasados?

Descúbrelo en un viaje que te llevará desde la Prehistoria hasta la Edad Media en el **Museu Arqueològic de Catalunya.** Podrás ver todos los tesoros que han encontrado los arqueólogos de las distintas épocas de la historia.

¿Qué hace un egiptólogo?

Estudia el enigmático mundo de los faraones del Antiguo Egipto, su civilización llena de misterios, sus jeroglíficos... En el **Museu Egipci** podrás ver más de setecientas piezas procedentes de excavaciones arqueológicas.

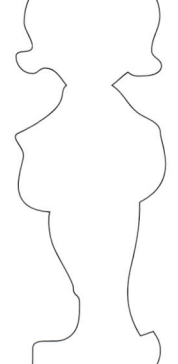

¡Vive la música!

Si te va la marcha no dejes de visitar el **Teatre Nacional de Catalunya y L'Auditori;** son dos espacios muy cercanos en los que encontrarás actividades, espectáculos, obras de teatro y conciertos pensados para ti.

Teatre Nacional de Catalunya: Ubicado en la Plaça de les Arts, destaca por el edificio principal en forma de templo griego. Puedes disfrutar de obras de compañías nacionales y de todo el mundo.

L'Auditori: Está en un moderno edificio al lado del TNC donde puedes ir a disfrutar de la música. ¡No te lo pierdas!

¡Un museo muy inquieto!

El **Cosmocaixa de Barcelona** es un espacio repleto de secretos que esperan a ser descubiertos: **tocar, ver, recorrer, jugar, disfrutar y aprender...**

¿Y si llueve?

¡Tranqui! Con un paraguas y un par de botas de agua **¡no hay nada que te pueda aguar la fiesta!** Hay un montón de lugares que ofrecen **talleres, visitas guiadas, teatro...** **¡Toma nota!**

Aquàrium de Barcelona: talleres, actividades, aprender cómo se cuidan los animales, concursos.
Moll d'Espanya del Port Vell, s/n L3, Drassanes; L4, Barceloneta 14, 17, 19, 36, 38, 40, 45, 57, 59, 64, 91, 157.
www.aquariumbcn.com
Telf.: 93 221 74 74

Biblioteca Guinardó-Mercè Rodoreda: su mascota te invitará a disfrutar de talleres, cuentacuentos y audiciones.
C/Camèlies, 76-80 L4, Alfons X 17, 19, 40, 45.
www.bcn.cat/bibmercerodoreda
Telf.: 93 435 31 70

CaixaForum: actividades para toda la familia, juegos de pistas, descubrir los secretos del edificio.
Avda. Francesc Ferrer i Guàrdia, 6-8 L1 y L3, Espanya 9, 27, 30, 56, 57, 91, 105, 106, 109, 13, 50, 65, 79.
http://obrasocial.lacaixa.es
Telf.: 93 476 86 00

Cosmocaixa: juegos de pistas, planetario burbuja, un viaje en el tiempo, retos científicos.
C/ Isaac Newton, 26 17, 22, 58, 73, 75, 60, 196; Tranvia Blau - FGC Av. Tibidabo.
www.obrasocial.lacaixa.es
Telf.: 93 212 60 50

Fundació Joan Miró: talleres interactivos, de artes plásticas, espectáculos, conocer a Miró.
Parc de Montjuïc, s/n Funicular de Montjuïc, Estació Paral·lel 50, 55, 193, bus Parc de Montjuïc.
www.fundaciomiro-bcn.org
Telf.: 93 443 94 70

Imax Port Vell: para vivir el cine en 3D, Imax y Omnimax, una experiencia fantástica.
Moll d'Espanya, s/n L3, Drassanes; L4, Barceloneta 14, 17, 19, 36, 39, 40, 45, 57, 59, 64, 157 y Bus Turístic.
www.imaxportvell.com
Telf.: 93 225 11 11

L' Auditori: visitas guiadas y conciertos familiares para descubrir y disfrutar la música.
C/ Lepant, 150 L1, Glòries; L2, Monumental; L4, Bogatell 6, 7, 10, 56, 62, B21, B25, Trambesòs T4.
www.auditori.org
Telf.: 93 247 93 00

Mercat de la Boqueria: mirar, descubrir y aprender a cocinar en el taller de cocina para niños.
Plaça de la Boquería L3, Liceu; L1, Catalunya 14, 38, 59, 91.
www.boqueria.info
Telf.: 93 318 20 17

Mercat de Sant Antoni: el reino de los coleccionistas –cromos, libros, curiosidades– cada domingo.
Comte d'Urgell, 1 L3, Paral·lel; L1, Urgell; L2, Sant Antoni (más cercana) 13, 24, 41, 55, 64, 91.
www.cvmsa.com/sant_antoni
Telf.: 93 423 42 87

Museu de les Arts Decoratives: diviértete y construye objetos decorativos con materiales reciclados.
Av. Diagonal, 686, Palau Reial de Pedralbes L3, Palau Reial 7, 33, 63, 67, 68, 74, 75, 78, 113, Bus Turístic.
www.dhub-bnc.cat/es/museudelsarts decoratives
Telf.: 93 256 34 65

Museu de Cera: un palacete lleno de misterios, extraños personajes y un bosque encantado.
Passatge de la Banca, 7 L3 verde, Drassanes (salida Rambla) 14, 18, 36, 38, 57, 59, 64, 91.
www.museucerabcn.com
Telf.: 93 317 26 49

Museu de Ciències Naturals: cuentos secretos, actividades en familia, talleres de vacaciones.
Parc de la Ciutadella, Castell dels Tres Dragons L1, Arc de Triomf; L4, Jaume I 14, 39, 40, 41, 42, 51, 141, B25.
www.bcn.es/museuciencies
Telf.: 93 319 69 12

Museu d'Història de la Ciutat: descubre a qué jugaban los niños romanos hace dos mil años…
Pl. del Rei, 1 L4, Jaume I 17, 19, 40, 45.
www.museuhistoria.bcn.es
Telf.: 93 256 21 22

Museu d'Història de Catalunya: descubre a un extraño personaje y ayúdale a recordar su pasado.
Pl. Pau Vila, 3, Palau de Mar L4, Barceloneta 17, 14, 19, 36, 39, 40, 45, 51, 54, 59, 64, 157.
www.mhcat.net
Telf.: 93 225 47 00

Museu Egipci: para conocer el mundo de los faraones o darte un paseo por Egipto.
C/ València, 284 L2, L3 y L4, Pg. de Gràcia; L1, Pl. Catalunya; L5, Diagonal 7, 16, 17, 20, 22, 24, 28, 39, 43, 44, 45, 47.
www.museuegipci.com
Telf.: 93 488 01 88

Museu Marítim: podrás fabricar tu propio barco y hacerlo navegar, o ser detective por un día…
Av. Drassanes, s/n L3, Drassanes (salida por Portal de Santa Madrona) 14, 18, 36, 38, 57, 59, 64 y 91.
www.mmb.cat
Telf.: 93 342 99 20

Museu de la Música: un viaje interactivo por la música y los instrumentos que la producen.
C/ Lepant, 150 L1, Marina, Glòries; L2, Monumental 6, 7, 10, 56, 62, B21, B25, Trambesòs T4.
www.museumusica.bcn.cat
Telf.: 93 256 36 50

Museu de la Xocolata: talleres «deliciosos» para crear, saborear y descubrir el origen del chocolate.
C/ Comerç, 36 L2, Arc de Triomf; L4, Jaume I 29 y Bus Turístic.
www.pastisseria.com
Telf.: 93 268 78 78

Teatre Nacional de Catalunya: en El Nacional Petit está todo pensado para que te lo pases genial.
Plaça de les Arts, 1 L1, Glòries i Marina; L2, Monumental 6, 7, 10, 56, 62, 92, B21, B25, Trambesòs T4, T5.
www.tnc.cat
Telf.: 93 306 57 00